Being a Superhero
Être un superhéros

Liz Shmuilov

Illustrated by Mary K. Biswas

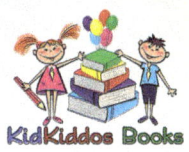

www.kidkiddos.com
Copyright ©2019 by KidKiddos Books Ltd.
support@kidkiddos.com

All rights reserved. No part of this book may be reproduced in any form or by any electronic or mechanical means, including information storage and retrieval systems, without written permission from the publisher, except in the case of a reviewer, who may quote brief passages embodied in critical articles or in a review.
Tous droits réservés. Aucune reproduction de cet ouvrage, même partielle, quelque soit le procédé, impression, photocopie, microfilm ou autre, n'est autorisée sans la permission écrite de l'éditeur.
First edition, 2019

Translated from English by Sophie Troff
Traduit de l'anglais par Sophie Troff
French editing by Ginette Bedard
Révision en français par Ginette Bedard

Library and Archives Canada Cataloguing in Publication
Being a Superhero (English French Bilingual Edition)/ Liz Shmuilov
ISBN: 978-1-5259-1327-3 paperback
ISBN: 978-1-5259-1328-0 hardcover
ISBN: 978-1-5259-1326-6 eBook

Please note that the French and English versions of the story have been written to be as close as possible. However, in some cases they differ in order to accommodate nuances and fluidity of each language.

Hi friends! My name is Maya. I am a lizard. I want to tell you a story about my best friend Ron the frog, who became a superhero.

Salut les amis ! Je m'appelle Maya. Je suis un lézard. Je vais vous raconter l'histoire de mon meilleur ami Ron la grenouille, qui est devenu un superhéros.

One summer day, I was at Ron's house watching our favorite superhero show.

Un jour d'été, j'étais chez Ron en train de regarder notre émission de superhéros préférée.

"You know," Ron said suddenly, "it would be cool to be a superhero. Then we would be able to help others!"

— *Tu sais, a soudain dit Ron, ce serait cool d'être un superhéros. On pourrait aider les autres !*

"That's a great idea!" I replied, millions of thoughts racing through my mind. "I could be your coach and teach you all the things a superhero needs to know!"

— *C'est une idée géniale ! ai-je répondu, les pensées se bousculant dans ma tête. Je pourrais être ton coach et t'apprendre tout ce qu'un superhéros doit savoir !*

"I've watched a lot of movies. I can teach you!" I added.

— J'ai regardé beaucoup de films, je peux t'entraîner, ai-je ajouté.

As he heard this, a look of hope appeared on Ron's face.
En entendant cela, la joie a illuminé le visage de Ron.

"But every superhero needs a superpower," he said quietly.
— Mais tous les superhéros ont un pouvoir, a-t-il dit doucement.

I thought for a moment. "Your superpower can be your talent in long jumps! Oh, and your sticky hands!"
J'ai réfléchi un moment.
— Ton superpouvoir pourrait être ton talent pour le saut en hauteur ! Oh, et tes mains adhésives !

"Yes!" Ron jumped with excitement.
— Oui ! s'est enthousiasmé Ron en sautant de joie.

"Now we need a costume. Something everyone will recognize," I said.

— *Bon, il nous faut un costume. Quelque chose que tout le monde reconnaîtra, ai-je dit.*

Ron ran to his room and brought out a red shirt. "We can color a big star on this shirt!"

Ron a couru dans sa chambre et rapporté un polo rouge.
— On peut colorier une grande étoile sur ce polo !

"Great idea!" I smiled. "How about a cape?"

— Super idée ! ai-je dit en souriant. Et pour la cape ?

"We can use my favorite blanket!" exclaimed Ron. His eyes sparkled.

— On peut utiliser ma couverture préférée ! s'est exclamé Ron, les yeux pétillants.

We got straight to work, drawing and painting on Ron's shirt.

Nous nous sommes mis au travail sans attendre, et avons dessiné puis peint une étoile sur le polo de Ron.

"It looks amazing! You will look like a real superhero!" I said when we finished.

— L'effet est magnifique! Tu vas avoir l'air d'un vrai superhéros ! ai-je dit quand nous avons fini.

The next morning, we met at the park and started practicing.

Le lendemain matin, nous nous sommes retrouvés au parc pour commencer l'entraînement.

"Today, I will teach you a few important things every superhero needs to know: The Three Superhero Rules."

— *Aujourd'hui, je vais t'apprendre des choses importantes que tous les superhéros doivent savoir : les Trois Règles du Superhéros.*

We sat down on the bench and I explained the rules to Ron.

Nous nous sommes assis sur le banc et j'ai expliqué les règles à Ron.

"Rule number one: never give up, no matter how difficult the situation gets."

Règle numéro un : n'abandonne jamais, même si la situation se complique.

"Rule number two: learn from your mistakes, so that you can do better next time."

Règle numéro deux : apprends de tes erreurs pour pouvoir faire mieux la prochaine fois.

"Rule number three: always remember that you can do anything!"

Règle numéro trois: n'oublie jamais que tu peux tout faire !

We worked on memorizing the rules and then headed back to my house.

Nous nous sommes entraînés à mémoriser les règles et sommes ensuite retournés chez moi.

When we got home, we met my little brother Danny. He looked upset.

En rentrant, nous avons croisé mon petit frère Danny. Il avait l'air bouleversé.

"I can't find my favorite toy!" he cried loudly.

— *Je ne trouve pas mon jouet préféré ! pleurait-il.*

I glanced at Ron and whispered, "This seems like a mission for a Superhero!"

J'ai regardé Ron et j'ai murmuré :
— On dirait une mission pour un superhéros !

Ron smiled and nodded. "What does the toy look like?" he asked.

Ron a souri et acquiescé.
— À quoi ressemble ton jouet ? a-t-il demandé.

"It's my stuffed toy, the lion, from the superhero TV show," explained Danny. "It's big and soft."

— C'est mon jouet en peluche, le lion, dans l'émission de télé de superhéros, a expliqué Danny. Il est grand et doux.

"Don't worry. We will find it," Ron assured him, and we began our first mission.

— Ne t'inquiète pas. On va le trouver, lui a assuré Ron, et nous avons entrepris notre première mission.

We looked everywhere—in closets, beside cupboards, behind tables and under chairs. The toy was nowhere to be found.

Nous avons regardé partout : dans les placards, à côté des armoires, derrière les tables et sous les chaises. Le jouet était introuvable.

"You two should go look in the backyard, and I'll keep searching here," Ron suggested.

— Vous devriez aller voir dans le jardin et je continuerai de chercher ici, a suggéré Ron.

Just as Danny and I stepped outside, we heard Ron's voice. "I found it! I found it!"
Quand Danny et moi sommes sortis, nous avons entendu les cris de Ron.
— Je l'ai trouvé ! Je l'ai trouvé !

We ran to him and looked down at the small object in his hand.
Nous avons couru vers lui et regardé le petit objet dans sa main.

"That's not the lion I was talking about," Danny frowned. "My toy is big and soft, but this one is small and wooden."
— Ce n'est pas le lion dont je parlais, s'est renfrogné Danny. Mon jouet est grand et doux, celui-ci est petit et en bois.

Ron's face fell at first, but a look of determination quickly replaced the disappointment.

Le visage de Ron s'est d'abord assombri, mais la détermination a vite remplacé la déception.

"No worries," he said. "Superhero rule number one: Never give up!"

— Pas de souci, a-t-il dit. Règle numéro un du superhéros : n'abandonne jamais !

"Rule number two," I added, "Learn from your mistakes. We are looking for a BIG, SOFT, stuffed toy."

— Règle numéro deux , ai-je ajouté, apprends de tes erreurs. On cherche une peluche GRANDE et DOUCE.

"Soft and big. Got it!" Ron replied.
— *Douce et grande. Compris ! a répondu Ron.*

"And rule number three," I said. "Who can do anything?"
— *Et règle numéro trois, ai-je dit, qui peut tout faire ?*

"I'm a Superhero and I can do anything!" yelled Ron enthusiastically.
— *Je suis un superhéros et je peux tout faire ! s'est écrié Ron avec enthousiasme.*

"We have to think like superheroes," he continued. "If the toy is not in the house, it must be somewhere outside. It's not like it can fly away!"

— On doit penser comme des superhéros, a-t-il poursuivi. Si le jouet n'est pas dans la maison, il doit être quelque part dehors. Ce n'est pas comme s'il pouvait s'envoler !

Ron giggled and looked up to the sky, but suddenly froze.

Ron a rigolé et regardé vers le ciel, mais soudain, il s'est figé.

"What are you staring at?" I wondered, looking up also.

— Qu'est-ce que tu regardes ? ai-je demandé en levant les yeux aussi.

Ron pointed to the top of our big apple tree.

Ron a montré du doigt le haut de notre gros pommier.

"Is that…?" I began to mumble.

— Est-ce que c'est… ? ai-je bafouillé.

My toy! You found it, Ron!" Danny exclaimed.

— Mon jouet ! Tu l'as trouvé, Ron ! s'est exclamé Danny.

"But how will we get it from the tree?" he added quietly.

— Mais comment on va le décrocher de l'arbre ? a-t-il ajouté tout bas.

"Ron can get it easily," I said. "He can use his powers — his sticky hands and super long jumps."

— Ron peut l'attraper facilement, ai-je dit. Il peut utiliser ses pouvoirs : ses mains adhésives et ses sauts super hauts.

Ron took a deep breath and began climbing the tree, jumping from branch to branch.

Ron a inspiré à fond et s'est mis à grimper à l'arbre, sautant de branche en branche.

He reached the toy and very soon, got down and handed it to my brother.

Il a atteint le jouet et, très vite, il est redescendu et l'a tendu à mon frère.

"You're my hero!" Danny laughed and gave Ron a big hug.

— Tu es mon héros !
Danny a ri et fait un gros câlin à Ron.

"Actually, Maya is the real hero," Ron corrected him. "She taught me everything I know!"

— En fait, c'est Maya le vrai héros, a corrigé Ron. Elle m'a appris tout ce que je sais !

That day we learned that even if we're not the superheroes from the movies, we're smart and strong and can do anything we want!

Ce jour-là, nous avons appris que même si nous ne sommes pas les superhéros du cinéma, nous sommes intelligents et nous pouvons faire tout ce que nous voulons !

And remember, you are a Superhero too!

N'oublie pas, toi aussi tu es un superhéros !

www.ingramcontent.com/pod-product-compliance
Lightning Source LLC
Chambersburg PA
CBHW061132070526
44584CB00033B/4307